AF460018

(N° 276)

Vente du Lundi 25 Novembre 1912

HOTEL DROUOT — SALLE N° 1

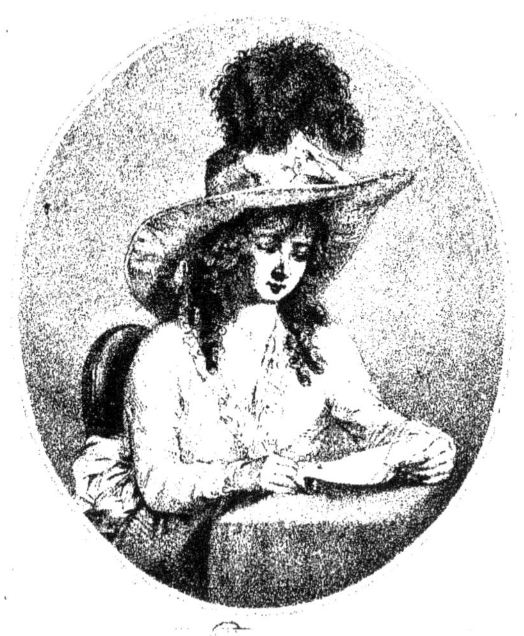

N° 201 du Catalogue.

ESTAMPES

DU

XVIIIe SIÈCLE

Me ANDRÉ DESVOUGES. M. LOYS DELTEIL.

FRAZIER-SOYE

GRAVEUR-IMPRIMEUR

153-155-157, Rue Montmartre

PARIS

CATALOGUE

DES

ESTAMPES

DU

XVIIIe SIÈCLE

PAR OU D'APRÈS

AUBRY, BARTOLOZZI, BAUDOUIN, BONNET, BOUCHER,
DEBUCOURT, FRAGONARD,
GAUTIER-DAGOTY, GREUZE, HUET, JANINET,
LANCRET, LAVREINCE, MORLAND,
REYNOLDS, St AUBIN, WARD, WATTEAU, etc.

Dont la vente aura lieu

à Paris, HOTEL DROUOT, Salle N° 1

Le Lundi 25 Novembre 1912

à 3 heures précises

Par le Ministère de Me ANDRÉ DESVOUGES

COMMISSAIRE-PRISEUR

26, Rue de la Grange-Batelière

Assisté de M. LOYS DELTEIL, Graveur et Expert

2, Rue des Beaux-Arts

CONDITIONS DE LA VENTE

Elle sera faite au comptant.

Les adjudicataires paieront *dix pour cent* en sus des enchères.

M. Loys Delteil remplira les commissions que voudront bien lui confier les amateurs ne pouvant y assister.

MM. les Amateurs pourront visiter la collection 2, *rue des Beaux-Arts*, du Lundi 18 au Samedi 23 Novembre 1912, de 2 heures à 5 heures.

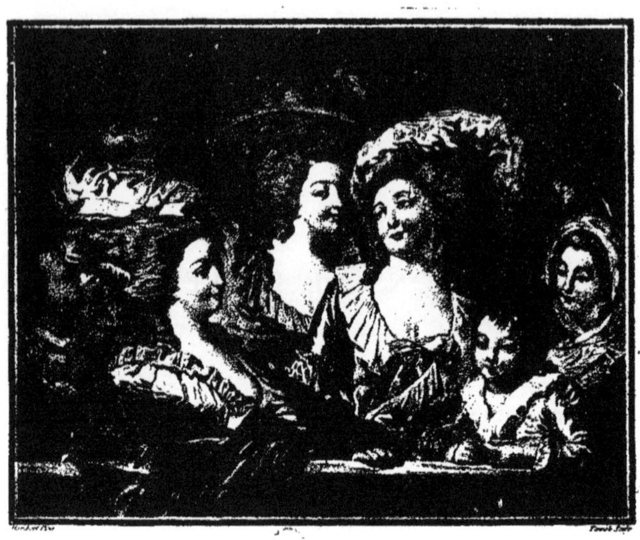

N° 20 du Catalogue.

DÉSIGNATION

AUBERTIN (F.)

1. Le Pâtre — La Récureuse. Deux pl., d'apr. Potter, se faisant pendants. Belles épreuves, *imp. en plusieurs tons*, et rehaussées.

AUBRY (d'après Etienne)

2. Les Adieux de la Nourice, par R. De Launay. Très belle épreuve, à grandes marges (léger pli).

3. Les Amans curieux ou la diseuse de bonne Aventure, par A. Legrand. Belle épreuve *imp. en couleurs*, avec rehauts.

4. L'Occupation du Ménage, par Blot. Belle épreuve.

AUBRY et DE FRAINE (d'après)

5. La Reconnaissance de Fonrose — L'Acte d'Humanité. Deux pl. par R. De Launay, se faisant pendants. Bonnes épreuves, *avant la légende.*

AUTOGRAPHES

6. AUTOGRAPHES DE MUSICIENS : Piccini (fils), 1826 — Hummel — Spontini — De Beriot. Quatre pièces.

7. Marco Spada, page de partition *manuscrite*, signée d'Auber. Encadrée.

8. Clapisson — Dejazet — Arsène Houssaye — Jules Verne — V. Sardou — Mme Miolhan-Carvalho — A. Dumas fils — H. Rochefort, etc. Environ 150 autographes. *Ce n° pourra être divisé.*

AVRIL (J.-J.)

9. Catherine II voyageant dans ses Etats, d'apr. F. de Meys, 1790. Grand in-fol. avant la lettre.

BARTOLOZZI (F.)

10. *Angels — Chérubins.* Deux pl. d'apr. Viera et Peters, se faisant pendants. Belles épreuves, *tirées en bistre.*

11. *Market of love*, 1793. Très belle et très rare épreuve *non terminée.*

12. *Minerua uissting the Muses*, d'apr. Cipriani. Très belle épreuve, *tirée en bistre.*

BAUDOUIN (d'après P.-A.)

13. Le Couché de la Mariée, par Moreau le jeune et Simonet (16). Belle épreuve (remmargée).

14. Le Fruit de l'Amour secret, par Voyez le jeune (23). Très belle épreuve (petites restaurations en marge).

BAUDOUIN et BERTIN (d'après)

15. Le Poète Anacréon — Le Gayeté de Silène. Deux pl. par N. De Launay, se faisant pendants. Bonnes épreuves.

BERVIC (Ch. Cl.)

16. Comte de Vergennes, 1781. Très belle épreuve *avant la lettre*, toutes marges.

BIGG (d'après W. R.)

17. *School Boys giving Charity to a Blind Man*, par J. R. Smith, 1784. Belle épreuve (très légère restauration).

BOILLY (d'après L.)

18. Avant la toilette, par A. Legrand. Bonne épreuve *avant toute lettre*.

BOILLY, CAZENAVE, BAUDOUIN, GAVARNI, etc.

19. Grimaces — Le Lion de Florence, d'apr. Monsiau — La Gayeté de Silène, par N. De Launay, etc.

BONNET (L. M.)

20. *The Amiable Family*, d'après Ramberg, 1787 Très belle épreuve, *imp. en couleurs*.

21. *The Pleasures of Education — The Charmes of the Morning*. Deux pièces se faisant pendants. Belles épreuves, *imp. en couleurs*, légers rehauts. Rognées à l'ovale. Encadrées.

22. Vue des Environs de Dantzick. Très belle épreuve, *imp. en couleurs*.

BOREL (d'apr. Ant.)

23. L'Abandon voluptueux, par A. F. Dennel. Très belle épreuve.

BOSIO (d'après D.)

24. Bal de Société — La Bouillotte. Deux pièces, copies de Gosselin, *coloriées*. Encadrées.

BOUCHER (d'après F. R.)

25. L'Amour prie Vénus de lui rendre ses armes, par Bonnet. Superbe épreuve *imp. à l'imitation du pastel* (sans marges).

26. Les Charmes du Printemps — Les Délices de l'Automne. Deux pl. par J. Daullé, se faisant pendants. Belles épreuves (petit grattage en marge).

27. La Coquette — L'Oiseau chéri. Deux pièces, par J. Daullé, se faisant pendants. Belles épreuves.

27 *bis*. Le Départ du Courrier, par Beauvarlet. Belle épreuve.

28. Les Éléments, par Cl. Duflos. Suite de quatre pièces. Belles épreuves.

29. La Jeune Bergère, par Beauvarlet. Belle épreuve.

30. L'Obéissance récompensée, par R. Gaillard. Belle épreuve.

31. Le Fleuve Scamandre, par N. de Larmessin. Belle épreuve *avec* la 1re adresse.

32. Jupiter et Calisto, par R. Gaillard. Belle épreuve.

32 *bis*. La Jolie Bergère, par Bonnet. Belle épreuve, *tirée en sanguine*.

33. Vénus sur les Eaux, par J. C. Le Vasseur. Belle épreuve.

34. Les Bacchantes endormies, par R. Gaillard. Belle épreuve.

35. L'Agaçante — Nymphes au bois — L'Ecole — Pastorale, etc. Cinq pl. par Huquier, Borgnet, etc. Belles épreuves.

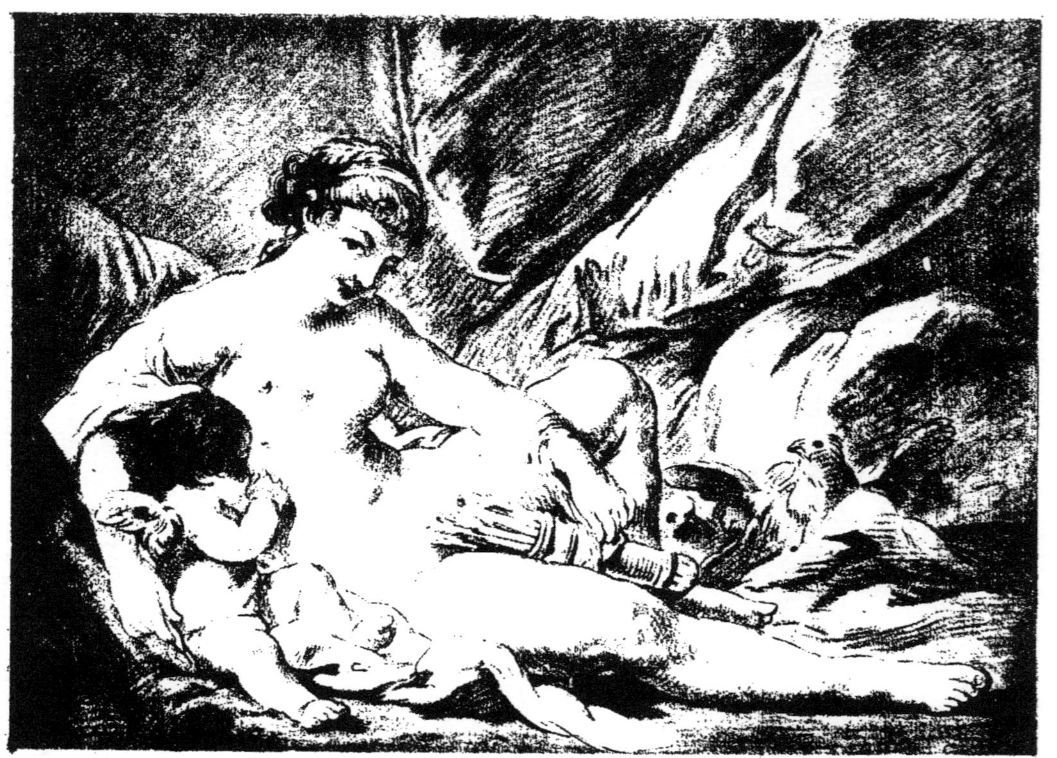

N° 25 du Catalogue.

36. L'Amour Moissonneur — La Petite Fermière — Pastorales — La Marchande d'oyseaux, etc. Sept pl. par Lépicié, Duflos, Huquier. Belles épreuves.

37. L'Oiseau chéri — La Marchande d'oyseaux — La Poésie pastorale — La Poésie lyrique — L'Esté, etc ; 12 pièces, par Boucher, Huquier, Daullé, Duflos, etc., en partie en belles épreuves.

BOUCHER, LANCRET, NATOIRE, SAINT-QUENTIN (d'après)

38. La Belle Cuisinière — Scène d'enfant — Le Turc amoureux — L'Amour polissant ses armes — Vénus endormie. Cinq pl. par Schmidt, Peiroleri, Littret, etc. Belles épreuves.

BOUCHER, LANCRET, RAOUX (d'après)

39. La Confidence — Le Départ et l'Arrivée du Courrier — Le Plaisir de la Chasse — Le Maître galant, etc. Huit pièces par Beauvarlet, Bonnefoy, Le Bas, etc. Belles épreuves de tirage postérieur.

BOUCHER et MOITTE (d'après)

40. La Rêveuse — Chasse au tigre — Le Jaloux endormi. Trois pl. par Beauvarlet, Flipart et Vidal. Bonnes épreuves (une sans marges).

BOUTONS

41. Attributs divers, 20 motifs de boutons sur une même planche. Belle épreuve *tirée en 2 tons*. Rare.

BUNBURY (d'après)

42. *Falstaff at Herns oak*, par Beneditte, 1793. Très belle épreuve.

43. *The Village Ale-House — As you Like it.* Deux pl. par J. Grozer et C. Knight, 1787-1788, se faisant pendants. Très belles épreuves, *tirées en bistre*.

CARESME (Ph.)

43 *bis*. Bacchantes et Satyre, par Demarteau (543). Belle épreuve, *tirée en 3 tons*.

CARICATURES

44. Caricatures et scènes galantes, 29 pl. la plupart *coloriées*.

CARMONTELLE (d'après L. C. de)

45. Mozart et sa Famille, par Delafosse, 1764. Belle épreuve (mouillures).

CAZENAVE (F.)

46. Le Serpent sous les roses, d'ap. Fournier. Très belle épreuve, *imp. en couleurs*.

CHARDIN (d'après J. B. S.)

47. La Gouvernante, par Lépicié (24). Belle épreuve (sans marges de 3 côtés).

CIPRIANI (d'après G. B.)

48. Hope, par Bartholonii. Très belle épreuve, *tirée en 2 tons*.

49. *Nimphs Battring*, par Tresca. Belle épreuve *imp. en couleurs* et *rehaussée*.

CLAVAREAU (A. F.)

50. La Leçon de Musique. Bonne épreuve.

COSTUMES

51. Costumes Militaires Français. Trente-six pl. par Debucourt, Levachez et Duplessi-Bertaux. Belles épreuves (11 *coloriées*).

COSWAY (d'apr. M. et R.)

52. *John Georg Count Browne*, par G. Hadfield. Belle épreuve.

53. Maria Cosway, d'après elle-même. Belle épreuve *impr. en couleurs* et rehaussée. Encadrée.

54. Mad' Le Brun. (à Paris chez Fatou). Très belle épreuve *impr. en couleurs* et rehaussée. Encadrée.

COYPEL (d'après Ch.)

54 *bis*. Don Quichotte, 20 pl. en 1 alb. in-fol. cart.

DANLOUX (d'après H. P.)

55. *Ah ! si j'te t'nais — Je t'en ratisse.* Deux pièces se faisant pendants. Très belles épreuves.

DAULLÉ (J.)

56. Auguste III, d'apr. de Silvestre (5). Belle épreuve, *avant la lettre.*

DEBUCOURT (P. L.)

57. Heur et Malheur ou la Cruche cassée. (M. F. 12) Très belle épreuve, *imprimée en couleurs* (sans marges.)

58. Jouis, tendre Mère (58). Belle épreuve.

59. Différents genres de Voitures dont les Russes se servent....., 1806 (184-191). Suite complète de 8 pl., d'après Damame-Demartrait. Belles épreuves.

60. Barrière de Bercy. (206) — Barrière de Charenton (208). Deux pièces. Belles épreuves, *imp. en couleurs* (toutes marges).

61. Illumination de la grande Cascade de St Cloud — Vue de l'Arc de triomphe de l'Etoile et du feu d'artifice.... (221-222). Deux pièces. Belles et rares épreuves du 1er état.

62. La Calèche renversée (307) — Le Traineau (308). Deux pl. formant pendants. Bonnes épreuves *tirées en 2 tons* et *coloriées*.

63. Route de Poissy (404) — Route de poste (406). Deux pl. d'apr. C. Vernet, se faisant pendants. Belles épreuves, *coloriées*.

DEMARTEAU (G.)

64. La Jardinière, d'apr. F. Boucher (n° 54). Belle et très rare épreuve, *avant la lettre* et *avant* les armes, *tirée en sanguine* (légère cassure).

64 *bis*. Tête de femme, d'apr. Boucher (187). Très belle épreuve, *tirée en 3 tons*.

DIVERS

65. Inauguration de la Statue de Louis XV, par Heinery, d'apr. de Machy — Combats navals, *avant la lettre* — Napoléon en méditation sur l'art de la Guerre, par Morret, etc. Ensemble 9 pl.

66. Sujets gracieux, portraits, etc., 15 pl. par Demarteau, Janinet et autres.

67. Sous ce n°, il sera vendu 19 pièces anciennes et modernes.

68. Place Louis le Grand, à Lyon — Procession de N.-D. de la Garde de Marseille — Hotel de ville de Paris — Palais des Tuileries par J. Rigaud — Rétablissement de la statue de Henri IV, sur le Pont-Neuf — Frise, par Janinet — Motifs de jardins, etc. Vingt pl. Belles épreuves (4 *coloriées*).

69. Voitures, modes, vues, caricatures — Un lot.

DROUAIS (d'après F. H.)

70. Les Enfants du Duc de Béthune, par Beauvarlet. Bonne épreuve.

71. Le Chateau de Cartes, par M. L. A. Boizot. Belle épreuve.

DUGOURE (d'après)

71 *bis*. Achève ton ouvrage... — Un Tendre engagement. Deux pl., par Elluin, se faisant pendants. Epreuves rognées à l'ovale.

DUNKARTON (R.)

72. *Joseph Interpreting the Dreams of Pharoah*, d'après le Guerchin. Belle épreuve. Encadrée.

DUTAILLY (d'après)

73. On doit à sa patrie le sacrifice de ses plus chères affections — Il est glorieux de mourir pour sa Patrie. Deux pièces par Coqueret, se faisant pendants. Belles épreuves, *impr. en couleurs* (sans marge).

ÉCOLES FRANÇAISE ET ANGLAISE

74. *A Visit to the Grandmother* (chez R. Sayer). Epreuve encadrée.

75. *La Curieuse indiscrette* (sic). Belle épreuve.

76. Sujet gracieux. Belle épreuve. *impr. en couleurs*, sans marges. Encadrée.

77. *Ou vas-tu, malheureux ? Mourir !* — Petite pièce sur les Incroyables — Femme de qualité en Echarpe, par de St Jean. Trois pièces. Belles épreuves, la 1re *impr. en couleurs*.

78. La Demande en mariage — Le Mariage — Le Coucher de la Mariée — Le Lever de la Mariée. Quatre pièces *coloriées* imprimées dans des encadrements ornés sur zinc.

79. La Nuit, par De Ghendt, d'apr. Baudouin — L'Ecueil de la Sagesse, par De Monchy — Le Singe et le Chat, par Bonnet — Ecrans et Ottomane, par De la Fosse. Cinq pièces (*un impr. en couleurs*, 2 de tirage postérieur).

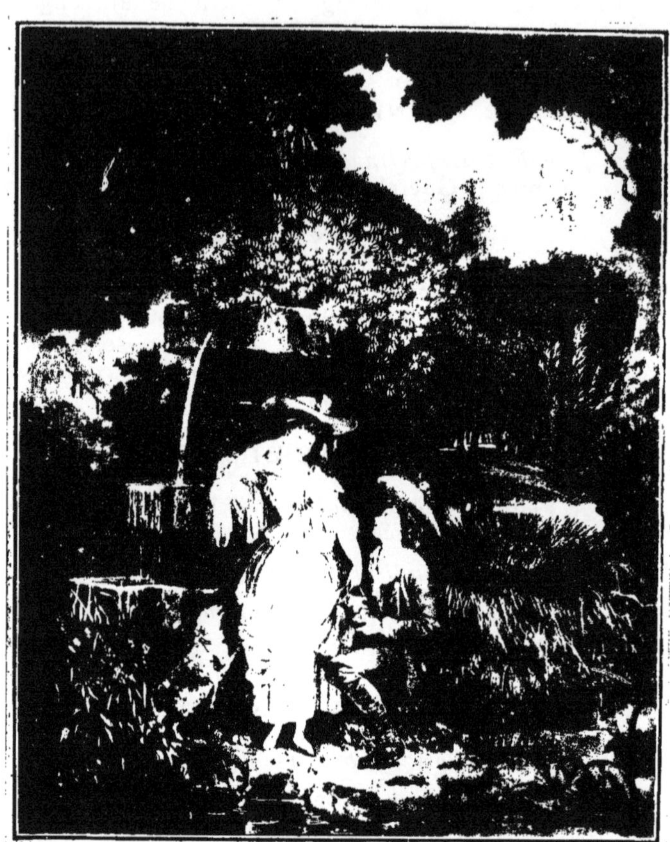

N° 57 du Catalogue.

80. Costume du fils de la Mis de Lenoncourt, par Dupuis, d'apr. Desrais — Mr Momus, marchand de masques — Le Singe à la Mode — Coiffures — Marie Thérèse Charlotte de France? par J. Neidl, six pl.

81. Les Arts, 4 pl. copies des estampes de Fessard, d'apr. Vanloo — Le Peintre amoureux de son modèle, par J. B. Michel, d'apr. Chevallier — J. d'Auvergne, par J. Lenfant. Six pièces.

82. La Mère indulgente — Pensent-ils à ce mouton — Ils s'enchantent — Dutchess of Marlborough — Villageoise Italienne — Ornements, etc., 10 pl.

83. Vénus au Bain — L'Orgueilleux maladroit — Elle cède à ses enchantents — Elle se garantit de ses atteintes — L'Orage — Le Retour du soldat, — Night, etc. Dix pl. par ou d'apr. Debucourt, Rullmann, Cipriani, Baudouin, Hamilton et autres, la plupart *impr. en couleurs* ou *coloriées*.

84. Duc d'Orléans, par A. de St Aubin — Le Calendrier des Vieillards, par Dambrun, d'après Fragonard — La Force, par Baléchou, d'apr. Nattier — Coquettes... par Thomassin fils, d'après Watteau — Mlle du Chastelet, par Lempereur, etc. Dix pl., la plupart en belles épreuves.

85. Sujets d'Amours. Douze pl. en forme d'éventails de l'époque de la Restauration. Très belles épreuves, *tirées en 2 tons*.

86. Sujets divers. Douze pièces d'apr. Jeaurat, Van Gorp, Moreau le jeune, etc.

87. Sujets gracieux. Quatorze pièces d'apr. Baudouin, Chardin, Moreau, Le Barbier, etc., épreuves de tirage postérieur et pièces gravées à l'époque de la Restauration.

88. Sujets gracieux pour dessus de boites. (Restauration), 21 pl. Très belles épreuves, *tirées en 2 tons*.

89. Sujets divers — Scènes de la Révolution, etc. 24 pl. d'après Greuze, Moreau le jeune, Cochin et autres.

90. Scènes de genre, motifs pour éventails et écrans (Epoque de la Restauration), 98 pl., la plupart *tirées en 2 tons.*

EISEN (d'apr. Fr.)

91. L'Espièglerie — L'Optique. Deux pl. par B. L. Henriquez, se faisant pendants. Très belles épreuves.

EISEN (d'apr. Ch.)

92. La Vieille de bonne humeur, par Chevillet. Très belle épreuve, grandes marges.

FRAGONARD (Honoré)

93. Les Traitants (P. de B. 1) — Bacchanale (9). Deux pièces. Belles épreuves.

FRAGONARD (d'apr. H.)

94. Le Baiser, par J. Marchand. Belle épreuve, grandes marges.

95. Le Colin-Maillard, par Beauvarlet. Bonne épreuve.

96. La Fontaine d'Amour — Le Songe d'Amour. Deux pl. par N. F. Regnault, se faisant pendants. Belles épreuves (légères épidermures et restauration).

97. La Coupe enchantée. Très belle épreuve, *avant la lettre.*

98. Le Gascon puni, par L. Halbou. Belle et très rare épreuve à *l'état d'eau-forte.*

99. Le Magnifique, par J. B. Tilliard. Belle et rare épreuve à *l'état d'eau-forte.*

100. La Sortie du troupeau — Rondes d'Amours, 3 pl. pl. par St Non. Belles épreuves.

FRAGONARD et LALLIÉ (d'après)

101. L'Inspiration Favorable — Le Messager Fidèle. Deux pl. par Halbou, se faisant pendants. Belles épreuves, de tirage postérieur.

FREUDEBERG (d'après S.)

102. La Matinée, par Bosse. Très belle épreuve.

103. La Toilette, par N. Ponce. Bonne épreuve, légèrement rognée (petite cassure).

J. G*** (d'après)

104. L'Agréable Illusion, par A. G. T. G. Très belle épreuve. Rare.

GAILLARD (R.)

105. Le Précepteur inutile, d'après Balko. Très belle épreuve.

GAUTIER-DAGOTY

106. Maupeou. Bonne épreuve, *avant la lettre* (le nom transcrit à la plume), *imp. en couleurs* (mouillures).

107. Voltaire. Bonne épreuve, *imp. en couleurs* (mouillures).

108. *Galerie Française*, frontispice — Cte de Caylus — Chevert (Fr. de). Trois pièces. Très belles épreuves.

109. Travaux de Minerve, allégorie. In-fol. Épreuve manquant un peu de conservation.

GRATELOUP (J. B.)

110. Fénelon, d'apr. Vivien (F. 5). Très belle épreuve.

GREEN (V.)

111. Mrs Cosway, d'après elle-même. Très belle épreuve (rognée dans l'encadrement).

112. *The young Mendicant*, d'apr. J. Boydell, 1776 (A. W. 192). Belle épreuve.

GREUZE (d'après J. B.)

113. La Cruche cassée, par J. Massard. Belle épreuve, *signée* au verso par les artistes.

114. La même estampe. Bonne épreuve. Encadrée.

HUET (d'après J. B.)

115. La Feinte Résistance, par Patas. Très belle épreuve (légère restauration).

115 *bis*. Les Pêcheurs, par Jubier. Belle épreuve, *imp. en couleurs*.

116. Le Midi — Le Soir. Deux pl. par L. M. Bonnet, se faisant pendants. Belles épreuves, *imp. en couleurs*.

117. Les Petits Gourmands, par Bonnet. Belle épreuve *imp. en couleurs*.

118. Vue de l'Intérieur d'une Ferme, par Jubier. Belle épreuve, *tirée en 3 tons*.

ISABEY (J. B.)

119. M. Villeau (G. H. 71) — Le Prince Eugène (77-1er état, *non décrit*) — Sophie Gail (82-1er état) — S. A. R. Mme la Dauphine (83-1er état). Quatre pièces. Belles épreuves.

JANINET (J. F.)

120. Projet d'un Monument à ériger pour le Roi (Louis XVI), d'apr. Moreau le jeune et de Varenne. Très belle épreuve, *imp. en couleurs*, *avant la lettre*, *signée* au verso par de Varenne et Janinet.

121. La Bacchante envyrée, d'après Caresme. Très belle et très rare épreuve, *avant la lettre, imp. en couleurs* (petite épidermure).

122. Dessus de boîtes, 2 motifs. Superbe épreuve, *imp. en couleurs*. Rare.

123. La Chaumière flamande — La Tabagie hollandaise. Deux pièces, d'apr. A. van Ostade, se faisant pendants. Belles épreuves, *imp. en couleurs*.

124. Gravures historiques des principaux événements de la Révolution, 22 pl. la plupart à grandes marges.

JAZET (J. P. M.)

125. Les Saisons, d'après Martinet. Suite de quatre pl. Belles épreuves, *imp. en couleurs* et rehaussées.

126. Le Départ pour le Marché — Le Marché conclu. Deux pl. se faisant pendants. Epreuves *imp. en couleurs* et rehaussées.

JEAURAT (d'après Etienne)

127. Le Berger constant, par N. Dufour. Très belle épreuve.

128. Le Carnaval des rues de Paris — Le Transport des filles de joye à l'hôpital. Deux pl. par C. Le Vasseur, se faisant pendants. Bonnes épreuves.

129. Le Remède, par F. Aliamet. Très belle épreuve.

JEAURAT — KLAUBER — TARDIEU — CARMONA

130. Vleughels (N.) — Allegrain (C. G.) — Le Lorrain (R.) — Vermont (H. Collin de). Quatre pièces d'apr. Nonnotte, Duplessis, Pesne et Roslin. Très belles épreuves.

KAUFFMAN (d'après Ang.)

131. L'Amour désarmé par les Grâces. Belle épreuve, *avant toute lettre*.

KEATING (G.)

132. *To the right Honble Jonh Earl of Chatham*, d'apr. S. de Koster, 1794. Belle épreuve (épidermure).

LAGRENÉE (d'apr. L. J. F. de)

133. L'Education de l'Amour, par C. D. Melini. Très belle épreuve, *avant toute lettre*.

LANCRET (d'après N.)

134. Le Maître galant, par Le Bas (48). Belle épreuve à toutes marges.

135. L'Occasion fortunée, par G. Scotin (54). Bonne épreuve.

136. On ne s'avise jamais de tout, par N. de Larmessin (55). Belle épreuve du 1er état.

LANCRET, PATER, LE PRINCE, BOUCHER (d'après)

137. L'Agréable Société — Le Gascon puni — L'Amour à l'Espagnole, etc. Dix pièces.

LASINIO (Carlo)

138. L'Automne — L'Hiver — Deux pièces. Belles épreuves, *imp. en couleurs* (sans marges).

LAVREINCE (d'après N.)

139. Ecole de Danse, par F. Dequevauviller (22). Belle épreuve *avec la 1re adresse*. Encadrée.

LE BEL (d'après)

140. Le Coup de vent, par A. Girardet. Bonne épreuve, *avant la lettre*.

LEGRAND (Aug.)

140 *bis*. Rosaïda. Belle épreuve. *Imp. en couleurs*. Encadrée.

LE PRINCE (J. B.)

141. IIe Pastorale. Belle épreuve, *tirée en bistre.*

142. La Danse Russe — Les Nouvellistes. Deux pièces. Belles épreuves, tirées en bistre.

143. La Lettre envoyée — La Lettre rendue. Deux pl. par N. de Launay, se faisant pendants. Superbes épreuves, *avant la dédicace*, toutes marges.

LOUTHERBOURG (d'apr.)

144. Ier *Recueil de Modes et Habits Galans de différents Pays...* Suite de 6 pl. par J. F. Foulquier. Très belles épreuves.

MAC ARDELL (J.)

145. *Rubens with his Wife and Child*, d'apr. Rubens. Belle épreuve (sans marge sur 3 côtés).

MALEUVRE (P.)

146. Aux Mânes de J. J. Rousseau, d'apr. Paul. Belle épreuve.

MALLET (d'après J. B.)

147. L'Impatience Amoureuse, par De Sève. Belle épreuve, *imp. en couleurs* (légère restauration), marges épidermées.

148. Le Voulez-vous plus long, par Roy. Belle épreuve (piquée et tachée).

MARIAGE

149. Le Feu — Les Fleurs — La Moisson — La Vendange. Quatre pl. d'apr. l'Albane, *tirées en couleurs* avec rehauts.

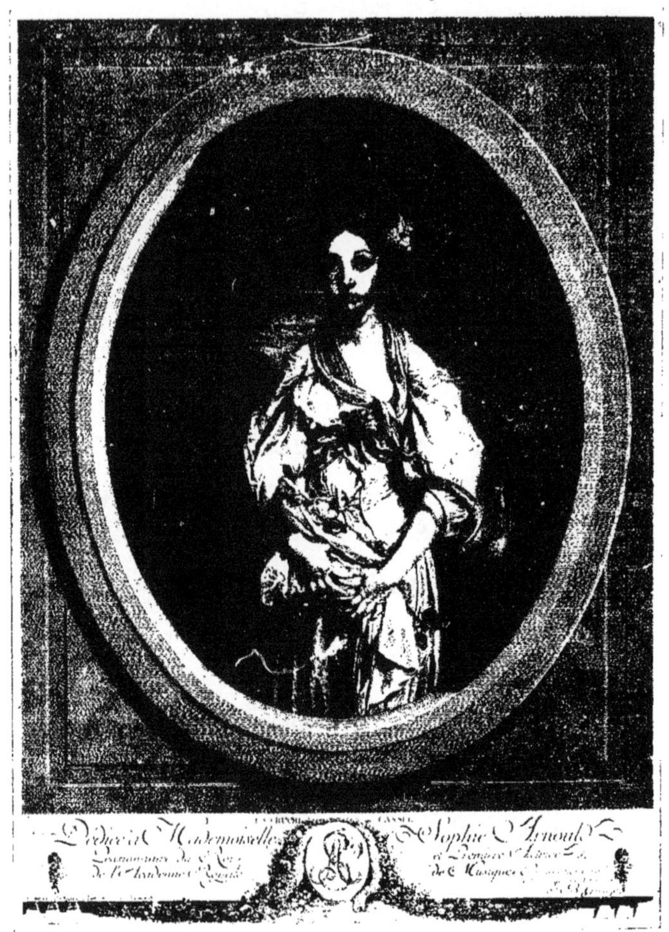

N° 113 du Catalogue.

MOITTE (d'après)

150. Le Jaloux endormi — L'Infidélité reconnue. Deux pl. par Vidal et Dambrun, se faisant pendants. Bonnes épreuves.

MONDON (d'après)

151. Le Tems de l'Après-dinée, par F. Aveline. Belle épreuve.

MOREAU LE JEUNE (J. M.)

152. Le Festin royal (E. B. 201). Belle épreuve.

MORLAND (d'après G.)

153. *N° 4. Gathering Fruit*, par R. W. Meadows, 1795. Très belle épreuve, *tirée en bistre*.

154. *Idleness*, par C. Knight. Epreuve *imp. en couleurs*, *rehaussée et* restaurée.

155. *Rustic Employment*, par J. R. Smith. Epreuve *imp. en couleurs*, rehaussée et restaurée.

NAPOLÉON Ier (Est. relative à)

156. Entrée de l'armée française commandée par S. M. l'Empereur Napoléon dans la ville de Moscou, 1812. (chez Basset). Très belle épreuve.

OUDRY (J. B.) — RIDINGER (E.)

157. Scènes de Chasses. Dix pièces, la plupart en belles épreuves.

PARELLE (d'après M. A.)

158. La Belle jambe, par J. Gilberg. Très belle épreuve, *tirée en sanguine*.

PFEIFFER (C.)

159. *Diana Countess Langeron et Albertina Merchioness Balleroi.* De forme ovale. Très belle épreuve, *tirée en bistre*, toutes marges.

PHILLIPS (G. H.)

160. *The May Queen — The young widow — The Day Appointed — The Rustic Wreath.* Quatre pl. d'apr. Th. Laurence, Wood et Witherington. Belles épreuves.

PICART (B.)

161. Allégories et satires relatives à la banque de Law. Dix-neuf pl. y compris plusieurs doubles. Belles épreuves.

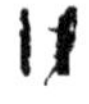

PICOT (V. M.)

162. Buste de jeune femme. De forme ovale. Très belle épreuve, *tirée en trois tons.*

163. *Charlotte Corday Décapitée agée de 25 ans.* épreuve tirée en deux tons et rehaussée (rayée).

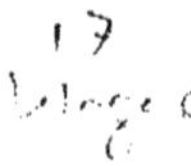

PITTERI (Marco)

164. Portrait de Femme. (Supposé Mme de Pompadour). Très belle épreuve.

PORTRAITS

165. Femmes : Agar Ellis, par J. Thomson et par S. W. Reynolds, 1826 — El. Sophie Cheron, par F. Chereau — Anna Killigren par I. Beckett, — Marie-Antoinette — Marie-Louise, etc. Neuf pièces.

166. XVIIIe siècle : Actrices — Ecrivains — Artistes. Vingt-sept pièces par A. de St-Aubin, Gaucher, Choffard, Ficquet, Savart, etc. Belles épreuves.

167. Lully — Cochin fils — Edme Bouchardon — Florian — Bach — Dussek — Beethoven — Gluck, etc., 20 pl. par A. de St-Aubin, Miger, Godefroy, Beauvarlet et autres. Belles épreuves.

168. Andreossy — Dumouriez — Masséna — Moreau — Bernadotte — Kléber — Desaix, etc., 12 pl. par A. Cardon, Levachez, Morel, Ruotte, etc. Belles épreuves.

169. Kléber — Sieyes — Calonne — Pichegru — La Tour d'Auvergne, etc., 8 pl. par Levachez et Duplessis-Bertaux.

170. Révolution : Le Pelletier St Fargeau — Bergasse — Malesherbes — Necker — Robespierre — Thouret — Malouet, etc., 16 pl. par St-Aubin, Fiesinger et autres. Belles épreuves.

171. Famille royale de France : Marie-Thérèse Charlotte, le Dauphin (Louis XVII) — D^sse d'Angoulême, etc. ; 10 pl. par Schiavonetti, Sergent, Mécou, Richomme, etc. Belles épreuves.

QUEVERDO (d'après F. M.)

172. Le Coucher de la Mariée — Le Lever de la Mariée. Deux pl. par Dambrun, se faisant pendants. Très belles épreuves, *avant toute lettre* (la seconde seulement avec les noms des artistes) petite cassure en marge à une pl.

REGNAULT (N. F.)

173. Ah ! s'il s'éveillait — Dors, dors... Deux pl. se faisant pendants. Epreuves *avant toute lettre, imprimées en sanguine* (manquent un peu de conservation).

RÉVOLUTION

174. Défaite des Contre Révolutionnaires. Epreuve encadrée.

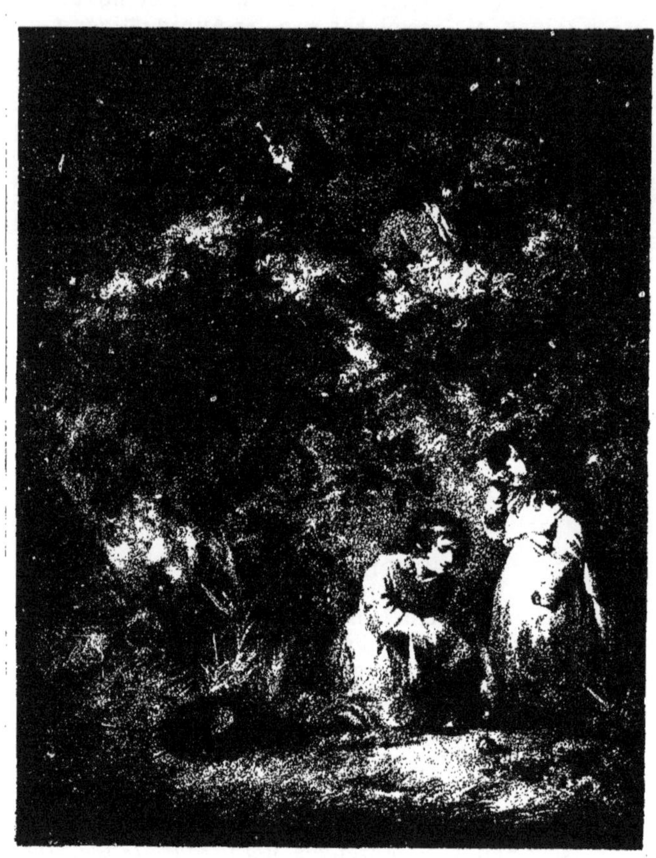

N° 153 du Catalogue.

REYNOLDS (d'après Sir J.)

175. *The Age of Innocence*, par S. W. Reynolds, 1833. Très belle épreuve. On y a joint une eau-forte par Dietrich.

175 *bis*. *The Honourable Miss Bingham*, par F. Bartolozzi. Belle épreuve, *imp. en couleurs* (petite cassure et piqûres).

176. *The Children in the Wood*, par J. Caldwall, 1793. Belle épreuve *imp. en couleurs* et rehaussée. Encadrée.

177. *The Girl and Kittern*, par Bartolonii. Belle épreuve *tirée en deux tons*.

ROBERT (d'après Hubert)

178. Paysages. Neuf pl. par Adélaïde Allou et St Non (une d'après Le prince). Belles épreuves.

RUOTTE (L. C.)

179. Marie-Antoinette d'Autriche, d'après Césarine F*** Belle épreuve.

SAINT-AUBIN (Aug. de)

180. Au moins soyez discret — Comptez sur mes serments (406-407). Deux pièces se faisant pendants. Très belles épreuves de tirage postérieur.

181. Les mêmes estampes. Epreuves du tirage de Marel.

182. L'Heureux Ménage — L'Heureuse Mère — La Sollicitude maternelle — La Tendresse Maternelle (412-415).Suite de quatre pièces par Sergent, Gautier, Phelyppeaux et Morret. Belles épreuves, *imp. en couleurs*.

183. La Sollicitude Maternelle, par Sergent et Phelypeaux. Belle épreuve, *avant la lettre*, *imp. en couleurs* (l'encadrement légèrement épidermé).

184. La Promenade des Remparts de Paris, copie publiée par la Vve Chevreau. Belle épreuve.

SAINT-NON (abbé de)

185. Paysages. 3 pièces d'après H. Fragonard et Hubert Robert. Belles épreuves.

SCHALL (d'après F.)

186. La frayeur Maternelle, par N. Schneker. Belle épreuve, *imp. en couleurs*. Encadrée.

SCHENAU (d'après E.)

187. La Lanterne magique — L'Origine de la Peinture. Deux pièces par J. Ouvrier, se faisant pendants. Très belles épreuves.

188. Le Maître de guitare — La Mère qui intercède — Le Retour désiré. Trois pl. par Cl. Duflos, formant série. Bonnes épreuves.

189. La Méditation — Amusemens russes — La Mère qui intercède, 3 pl. par R. Gaillard, Henriquez et Duflos (une de tirage postérieur, une autre manque de conservation).

190. Le Réveil maladroit, par N. Dupuis. Belle épreuve.

SCHENKER (N.) — AUGRAND (P) — CHOUBARD

191. Têtes de Femmes et sujets de genre. Cinquante quatre petites pièces *tirées en 2 tons et rehaussées*.

SCHIAVONETTI (d'après L.)

192. Les Sens. Quatre pièces, par Ruotte. Très belles épreuves, *tirées en 2 tons*.

SERGENT (A. F.)

193. Necker, d'apr. J. S. Duplessis. Très belle épreuve, *imp. en couleurs*. On y a joint le prospectus d'édition.

SICARDI (d'après)

194. *Oh! che boccone — Oh! che gusto!* Deux pl. par Terrier et Reuchard, se faisant pendants. Belles épreuves.

195. *Oh, che Fortuna! — Come la trovate?* Deux pl. par Bouquet et Copia, se faisant pendants. Belles épreuves, *imp. en couleurs* (une avec rehauts).

SMITH (J. R.)

196. *A Visit to the Grandmother*, d'apr. Northcote, 1785. Bonne épreuve.

THOUVENIN

197. L'Amour enchaîné par les Grâces. Bonne épreuve, *imp. en couleurs*.

198. Les Délices Maternels — Les Soins Maternels. Deux pl. d'apr. Le Barbier et le Corrège, se faisant pendants. Belles épreuves, *imp. en couleurs*.

VANLOO (d'après)

198 *bis*. Anacréon réchauffant l'Amour, par V. M. Picot. Très belle épreuve, *imp. en couleurs*.

VERNET (d'après J.)

199. Ports de France, par Cochin fils et Le Bas. Quatre pièces, à *l'état d'eau-forte*.

VENET (d'après C.)

199 *bis*. *Oh! c'est bien ça*, par Levachez. Belle épreuve, *coloriée*.

VIGNETTES

199 *ter*. Portrait et vignettes pour les Œuvres de Le Sage et de l'abbé Prévost, 121 pièces en 1 vol. in-8 cart.

WARD (d'apr. J.)

200. Industrious Cottagers, par W. Ward. Très belle épreuve (légère cassure).

WARD (William)

201. *Hesitation — The Choice*, 1786-1787. Deux pièces de forme ovale, se faisant pendants. Très belles épreuves *tirées en 2 tons*. Rares.

WATTEAU (d'après Ant.)

202. Le Chat malade, par J. E. Liotard (93). Belle épreuve. Rare.

203. Les Agréments de l'Été, par Joullain (100). Belle épreuve à grandes marges.

204. Arlequin, Pierrot et Scapin, par L. Surugue — L'Hiver, par N. de Larmessin — La Leçon d'Amour, par N. Dupuis. Trois pièces (une rognée).

WHEATLEY (d'après F.)

205. *Milk below maids*, par L. Schiavonetti. Belle épreuve, *avant toute lettre*.

WILLE (J. G.)

206. Louis XV, d'apr. C. Parrocel et Le Moyne (105). Très belle épreuve.

WRIGHT (d'après R.)

207. *Miss Kitty Dressing*, par T. Watson, 1781. Très belle épreuve. Rare.

---

208. Sous ce numéro, il sera vendu par lots, environ 4.000 gravures anciennes et modernes, portraits, sujets divers, vues et paysages.

209. Portraits, sujets divers, paysages, environ 150 estampes et dessins anciens et modernes.

210. Sujets divers et Paysages, 40 pl. par ou d'apr. Rembrandt, Ostade, Téniers, Callot, Ingres, Delaroche, etc.

211. Scènes mythologiques — Sujets historiques — Vues, scènes de genre, portraits, etc., 27 pl. par divers artistes anciens et modernes.

212. Sujets divers, Paysages, Caricatures, etc., 115 pl.

FRAZIER-SOYE

GRAVEUR-IMPRIMEUR

153-155-157, Rue Montmartre

PARIS

www.ingramcontent.com/pod-product-compliance
Ingram Content Group UK Ltd.
Pitfield, Milton Keynes, MK11 3LW, UK
UKHW020513180726
13839UKWH00005B/2051